VENTE

Dù Samedi 17 Novembre 1906

HOTEL DROUOT, SALLE Nº 7

à deux heures

EXPOSITION PUBLIQUE

Le Vendredi 16 Novembre 1906

DE I H. 1/2 A 5 H. 1/2

Gravures, Dessins, Tableaux

EN MAJEURE PARTIE

DE L'ÉCOLE FRANÇAISE DU XVIIIᵉ SIÈCLE

OBJETS D'ART

SIÈGES ET MEUBLES ANCIENS

Composant la Collection de M. Ch. PIPARD

COMMISSAIRE-PRISEUR

Mᵉ PAUL CHEVALLIER

10, rue de la Grange-Batelière

EXPERTS

MM. PAULME & B. LASQUIN FILS

10, rue Chauchat. — 12, rue Laffitte

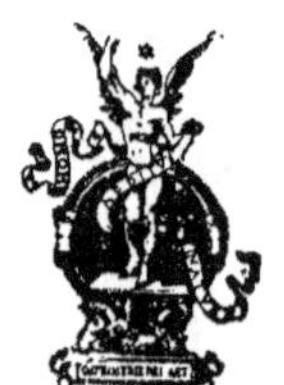

CATALOGUE

DES

GRAVURES, DESSINS, TABLEAUX

En majeure partie

DE L'ÉCOLE FRANÇAISE DU XVIIIe SIÈCLE

MINIATURES — BOITES — BONBONNIÈRES

OBJETS DE VITRINE

PORCELAINES ET FAIENCES ANCIENNES

OBJETS D'ART ET DE CURIOSITÉ

Bois sculptés — Bronzes — Terres cuites

SIÈGES ET MEUBLES ANCIENS

Objets divers

Le tout composant

LA COLLECTION DE M. CH. PIPARD

ET DONT LA VENTE AUX ENCHÈRES PUBLIQUES AURA LIEU

HOTEL DROUOT, SALLE N° 7

LE SAMEDI 17 NOVEMBRE 1906, à deux heures

EXPOSITION PUBLIQUE

LE VENDREDI 16 NOVEMBRE 1906, de 1 h. 1/2 à 5 h. 1/2

COMMISSAIRE-PRISEUR	EXPERTS
Me PAUL CHEVALLIER	MM. PAULME et B. LASQUIN FILS
10, rue Grange-Batelière	10, rue Chauchat	12, rue Laffitte

CONDITIONS DE LA VENTE

Elle sera faite au comptant.

Les adjudicataires paieront *dix pour cent* en sus des enchères.

Paris. — Imp. de l'Art, E. Moreau et Cⁱᵉ, 41, rue de la Victoire.

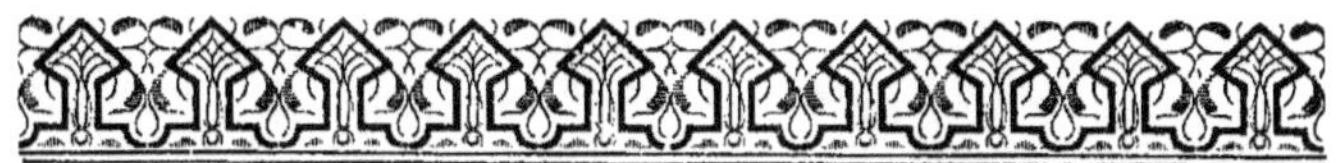

DÉSIGNATION

GRAVURES ANCIENNES

120 1 — *Paul et Virginie,* suite de six estampes en couleur, par Descourtis, d'après CHALLE.

165 2 — *L'Après-midi,* estampe en couleur, par Demarteau, d'après HUET.

3 — *Vue de la Fontaine des Innocents,* estampe en couleur, par CARRÉ.

4 — *Sujets gracieux,* trois gravures en couleurs, par MÉCOU.

5 — *Finis, Pierrot,* petite gravure en couleur, d'après MONGIN.

152 6 — *Comptez sur mes serments. Au moins soyez discret,* deux estampes en noir, par A. DE SAINT-AUBIN. Petite marge.

7 — *La Gimblette,* estampe en noir, d'après FRAGONARD.

8 — *La Paysanne bienfaisante,* estampe anglaise en noir, d'après WHEATLEY.

120 9 — *Le Billet doux,* estampe en noir, d'après LAWRENCE.

10 — *Bonaparte,* médaillon rond au dessus de la bataille de Marengo, d'après D. BERTAUX.

11 — *Tentation de Saint-Antoine. Foire de Florence,* deux estampes en noir, d'après CALLOT.

DESSINS ANCIENS

ÉCOLE FRANÇAISE

12 — ANONYME. *Convoi de Troupes,* dessin à la mine de plomb.

13 — ANONYME. *Portrait de Jeune Femme,* dessin.

14 — ANONYME. *Portrait de Jeune Femme,* gracieux dessin aux crayons de couleur, de forme ronde. Epoque Louis XVI.

15 — ANONYME. *Jeune Femme en buste,* joli dessin aux crayons de couleur, rehaussé de pastel, rappelant F. BOUCHER. Epoque Louis XV.

16 — ANONYME. *Portrait présumé de Marie-Louise,* au crayon.

17 — ANONYME. *Portrait de Femme,* avec coiffure, au crayon, du temps de la Restauration.

18 — ANONYME. *Portrait d'Homme,* au crayon, de même époque.

19 — ANONYME. *Sainte-Geneviève* et autre, deux petites gouaches du XVIIIe siècle.

20 — ANONYME. *Tête d'Enfant,* à la sanguine.

21 — ANONYME. *Portrait d'Homme en buste*, au crayon, de forme ronde. Fin du xviiie siècle.

22 — ANONYME. *Abbesse en prière*, gouache sur vélin, cadre en bois doré, xviie siècle. *Marine*, petite gouache.

23 — ANONYME. *L'Ingénue*, aquarelle d'après MOREAU LE JEUNE, cadre en bois doré.

24 — ANONYME. *La Prise de Troie*, miniature sur vélin, xviie siècle. — Feuille de manuscrit, à la gouache.

25 — ANONYME. *Paysage d'Italie*, à la pierre noire. xviiie siècle.

26 — ANONYME. *Vue des environs de Rome*, à la pierre noire.

27 — ANONYME. *Portrait de Femme*, au crayon noir. Restauration.

28 — ANONYME. *Paysages avec figures*, cinq dessins . . . mine de plomb, de forme ronde.

29 — ANONYME. *Paysages avec figures*, cinq dessins, plume et sépia.

30 — ANONYME. *Portrait d'un Acteur riant*, aux crayons de couleur.

31 — ANONYME. *Projet de plafond*, dessin à la sépia, de forme ronde, xviiie siècle.

32 — ANONYME. *Sujets divers*. Cadre renfermant sept dessins à la plume.

33 — ANONYME. *Vue d'une église en ruines à Rouen*, aquarelle gouachée.

34 — ANONYME. *Parc, escalier et figures*, aquarellé.

35 — Anonyme. *Fleurs*, deux pendants, aquarelles.

36 — Anonyme. *Sujet religieux*, pierre noire et rehauts de blanc.

37 — Anonyme. *Paysage*, plume et sépia.

38 — Anonyme. *Intérieur de ferme avec animaux*, plume et aquarelle.

39 — Anonyme. *Ornements :* Intérieur d'un salon, meubles, jardinière, flambeau.

40 — Anonyme. *Marché*, petit dessin à la plume et sépia.

41 — Boissieu (Attribué à de). *Jeune Garçon debout*, à la sanguine.

42 — Boucher (F.). *Composition pour un écran à main*, dessin au crayon. Signé. — *Enfants jouant au milieu de ruines*, au crayon.

43 — Champion. *Napoléon à cheval*, sépia. Signé et daté : 1829.

44 — Dupaty. *Composition d'architecture*, plume et aquarelle. Signé et daté : 1812.

45 — Delahaye. *Intérieur de parc*, à la pierre noire.

46 — Fragonard (Attribué à). *Paysage : Moulin, personnage et animaux*, à la sépia.

47 — Gavarni. *Personnage debout*, plume et lavis.

48 — Heinsius. *Portraits d'Homme et de Femme*, deux dessins faisant pendants, au crayon.

49 — Johannot (T.). *Le Naufragé*, aquarelle.

50 — Le Tillard. *Tête d'Homme*, à la sanguine.

51 — Lesueur (Attribué à). *Deùx Têtes de Femme*, à la sanguine.

52 — Noel. *Jeune Fille debout*, crayon. Signé.

53 — Oudry (J.-B.). *Chien, Cygne et Enfant, Oiseau*, trois dessins au crayon.

54 — Parrocel. *Cavalier et autre*, deux dessins dont un en couleur.

55 — Pujos. *Portrait d'un Abbé*, au crayon.

56 — Robert (Hubert). *Villa romaine*, contre-épreuve à la sanguine.

57 — Robert (Hubert). *Intérieur de ferme italienne, avec figures*, à la pierre noire.

58 — Sève (de). *Illustrations pour un livre du XVIIIe siècle*, trois petits dessins au crayon sur vélin.

59 — Saint-Aubin (Attribué à). *Portrait d'Homme*, dans un encadrement.

60 — Saint-Aubin (Attribué à). *Jeux d'enfants*, pierre noire et blanc.

61 — Watteau ? (A.). *Pastorales*, six dessins sur calque ou papier huilé.

62 — Ecole anglaise. *Paysages avec figures*, deux aquarelles.

63 — Bonington ? *Vue de la Seine à Rouen*, aquarelle.

64 — Ecole Italienne. *Etude d'Amour*, au crayon.

65 — Ecole Italienne. *Tête de profil*, au crayon.

TABLEAUX ANCIENS

66 — BOILLY (L.). *Portrait de Femme, du temps de l'Empire.*

67 — BRIL (P.) *La Fuite en Égypte.*

68 — FRAGONARD (?). *Dites donc s'il vous plaît !* char-mante composition bien connue par la gravure de *Launay.* Toile.

69 — NOEL. *Deux Marines,* faisant pendants.

70 — PRUD'HON (École de P.-P.) *Figure allégorique,* petite peinture de forme ovale.

71 — VALIN. *Paysage et Nymphes.*

72 — ÉCOLE FRANÇAISE. *Portrait d'un Évêque,* médaillon rond, en grisaille. Epoque Louis XVI.

73 — ÉCOLE FRANÇAISE. *Portrait d'Homme,* petite pein-ture ovale. Epoque Restauration.

74 — ÉCOLE FRANÇAISE. *Paysanne debout,* petite peinture, cadre ancien bois sculpté.

75 — ÉCOLE FRANÇAISE. *Décoration de trumeau* ou *dessus de porte,* médaillon d'amours encadré d'arabesques.

76 — ÉCOLE FRANÇAISE. *Portrait d'un Peintre,* xviii° siècle.

77 — ÉCOLE FRANÇAISE. *Allée d'un parc, avec figures.*

78 — ÉCOLE FRANÇAISE. *Chasse au sanglier.* xviiie siècle.

79 — ÉCOLE FRANÇAISE. *Portrait d'Homme, vu de face.* xviiie siècle.

80 — ÉCOLE ESPAGNOLE. *Sujets militaires,* deux grandes compositions.

81 — ÉCOLES FLAMANDE OU HOLLANDAISE. *Saint Jean-Baptiste.*

82 — ÉCOLES FLAMANDE OU HOLLANDAISE. *La Résurrection.*

83 — ÉCOLES FLAMANDE OU HOLLANDAISE. *Marine,* grande peinture sur toile.

84 — ECOLE ITALIENNE. *Tête de Vierge,* cadre bois sculpté Louis XIII.

85 — ECOLE ITALIENNE. *Le Sorcier.*

MINIATURES

86 — MINIATURE RONDE. *Portrait de Femme,* xviiie siècle.

87 — MINIATURE OVALE. *Petit Portrait d'Homme.* xviiie siècle.

88 — MINIATURE OVALE. *Portrait de Femme.* Empire.

89 — MINIATURE. *Portrait de Femme,* la tête ornée d'une coiffe. Restauration.

90 — MINIATURE OVALE, par LEMOINE (signée). *Portrait d'Homme.*

91 — MINIATURE RONDE. *Portrait d'Homme,* de face. xviiie siècle.

92 — MINIATURE OVALE. *Portrait de Femme,* vêtue d'un costume de satin à rayures. Empire.

93 — Miniatures non cataloguées.

94 — Petite Peinture, de forme ronde. *Kermesse*.

95 — Fixé sous verre. *Scène Flamande*, sur boîte ronde en écaille brune.

FAIENCES

ET PORCELAINES ANCIENNES

96 — Fabriques diverses. Six assiettes variées, deux pichets grès, socle en biscuit.

97 — Faiences Italiennes. Assiette de Castelli, quatre compotiers ou plateau.

98 — Chine et Compagnie des Indes. Vase céladon, sang de bœuf ; tasse et soucoupe à personnages, onze assiettes et deux plats.

99 — Delft. Huit assiettes en couleurs, pichet en bleu.

100 — Louisbourg. Statuette.

101 — Mennecy. Pot à crème.

102 — Marseille. Soupière couverte.

103 — Nevers. Deux compotiers.

104 — Niederviller. Assiette trompe-l'œil.

105 — Paris. Assiette avec sujet en couleur et dorure de la fabrique de *Dihl* et *Guerhard*.

106 — Rouen. Trois plats, bouteille, jardinière à décor bleu, assiette à la corne.

107 — SAXE. Plat et cinq assiettes, décor coréen et fleurs.

108 — STRASBOURG. Cinq plats longs et un rond à fleurs, six assiettes à fleurs, marli vannerie, dix assiettes et quatre compotiers à fleurs.

109 — VINCENNES. Assiette à pâte gaufrée.

110 — WEDGWOOD. Bol et pot à lait, fond bleu.

111 — SÈVRES-PARIS-MENNECY. Pot à crème, soucoupe, salières, etc.

112 — MIDI. Deux braseros.

OBJETS DE VITRINE

113 — Cachet à cire, bois sculpté, surmonté d'une tête de femme en ivoire. Plaques en cuivre : Saint Jean-Baptiste, Ensevelissement du Christ.

114 — Montre en ors de couleur Louis XVI, attributs et feuillages guillochés. Dessous de montre en émail de Genève. Flacon en cristal, etc.

115 — Petite trousse de dessinateur en maroquin, garnie d'ustensiles : crayon, compas, mesure.

116 — Plusieurs porte-montre, bronze, Louis XV et Louis XVI.

117 — Objets divers : figurines, etc., en ivoire sculpté, de travail japonais. Deux coupes en corne sculptée.

118 — Boucle de ceinture et cachet en jade taillé.

119 — Boîte rectangulaire, nacre gravée, doublée d'écaille. xviiie siècle.

120 — Tabatière oblongue Louis XVI, cuivre doré, doublée d'écaille brune.

121 — Plusieurs tabatières ou bonbonnières en écaille.

122 — Petite bonbonnière ronde, ivoire, avec sujet peint : Pastorale. Epoque Louis XVI.

123 — Plusieurs cachets-breloques en fer ou argent gravé. xviiie siècle.

124 — Bas-relief provenant d'un baiser de paix en argent repoussé, xviie siècle. Assiette en étain, avec treize médaillons en bas-relief. Porte-huilier Empire en métal argenté.

OBJETS DIVERS

125 — Pendule Louis XV, avec son socle, marqueterie de bois ornée de bronzes. Cadran de FRANÇOIS GILBERT.

126 — Coffret en marqueterie de paille, xviiie siècle. Coffret Louis XIII, bois et ferrures. Trois petits coffrets ou boîtes en marqueterie.

127 — Cadre Louis XV en bois sculpté, doré, de forme rectangulaire, avec intérieur ovale.

128 — Cadre Louis XVI, bois peint et doré.

129 — Quatre petits cadres Louis XIII, bois doré. Reliquaire en papier. Armoirie sur papier dentelé, dans des cadres anciens Louis XIII. Petite tapisserie au point, cadre Louis XIII.

130 — Médaille bronze : Saint Georges. Quatre fragments de vitraux anciens.

131 — Médaillon rond en terre cuite, par J.-B. NINI, *1775* : Portrait de profil de P. BERTHEVIN.

132 — Médaille en étain : Louis XVI, de profil.

133 — Deux médaillons ronds en bronze doré, par VARIN, *1630 :* Le Cardinal de Richelieu et sujet allégorique.

134 — Statuette en bois sculpté : Vierge et enfant. xviie siècle. — Deux statuettes terre cuite : Faune et Bacchante. Deux groupes en biscuit émaillé.

135 — Christ en ivoire sculpté (incomplet des bras). xviie siècle.

136 — Christ en bois sculpté (incomplet des bras). xviie siècle.

137 — Bas-relief en albâtre, cadre ornementé. xviie siècle.

138 — Bénitier-applique en bois sculpté doré. Epoque Louis XIV.

139 — Miroir Louis XV en bois sculpté doré.

140 — Boucle de ceinture, cuivre doré. Travail chinois.

141 — Groupe de deux enfants. Bronze chinois.

SIÈGES ANCIENS

260

142 — Canapé et deux fauteuils Louis XVI, bois sculpté peint en blanc.

290

143 — Deux fauteuils et chaise Régence, bois sculpté ; cannés.

115

144 — Fauteuil Louis XV, bois sculpté ; canné.

135

145 — Bergère Louis XV, bois sculpté, garnie de velours vert.

MEUBLES ANCIENS

400

146 — Commode Louis XIV, marqueterie de bois de placage à cinq tiroirs, ornée de bronzes. Signée GIRARDAU.

270

147 — Petite commode Louis XV, bois de placage, à deux tiroirs, ornée de bronzes. Signée L. C...

405

148 — Secrétaire Louis XV, bois de couleur, marbre brèche.

340

149 — Table à ouvrage Louis XV, bois de placage, à trois tiroirs. Signée GIRARDAU.

305

150 — Console Louis XV en bois sculpté, dessus de marbre.

MEUBLES

151 — Petit lit Louis XVI, bois sculpté, peint en blanc.

152 — Table à jeu Louis XVI, acajou.

153 — Table-bureau Louis XVI, marqueterie.

154 — Encoignure Louis XVI, marqueterie à fleurs.

155 — Console demi-lune Louis XVI, bois de placage, dessus de marbre.

156 — Commode Louis XVI, bois de placage, à cinq tiroirs, ornée de bronzes.

157 — Sous ce numéro, seront vendus les objets non catalogués.

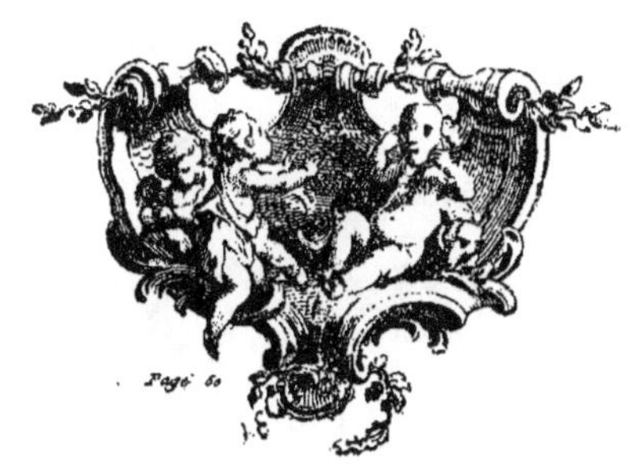

9 782329 590530